PASCAL

—

I. DE L'AUTORITÉ
EN MATIÈRE DE PHILOSOPHIE
II. ENTRETIENS AVEC M. DE SACI

HACHETTE ET Cᵗᵉ

PASCAL

642 — PARIS, IMPRIMERIE LALOUX Fils et GUILLOT

7, rue des Canettes, 7

PASCAL

DE L'AUTORITÉ EN MATIÈRE DE PHILOSOPHIE

ENTRETIEN DE PASCAL AVEC M. DE SACI

AVEC UNE INTRODUCTION ET DES NOTES

PAR CHARLES JOURDAIN

Agrégé des Facultés des lettres

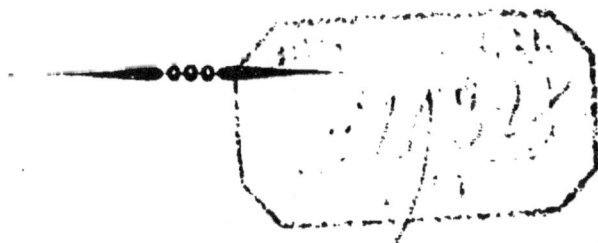

PARIS

LIBRAIRIE HACHETTE ET Cⁱᵉ

79, BOULEVARD SAINT-GERMAIN, 79

1878

©

INTRODUCTION.

Pascal est né à Clermont le 19 juin 1623. Sa vie avait appartenu, dès sa première jeunesse, à la culture des sciences, et il s'était signalé par d'étonnants travaux. A l'âge de douze ans, il avait appris seul et en secret les mathématiques, en s'amusant à tracer avec du charbon ce qu'il appelait « des barres et des ronds. » A l'âge de seize ans, il avait composé un *Traité des sections coniques*, « qui passa, dit sa sœur, Mme Périer, pour un si grand effort d'esprit, qu'on disait que, depuis Archimède, on n'avait rien vu de cette force. » A dix-huit ans, il avait inventé une machine arithmétique qui devait permettre de faire toute espèce de calculs, sans autre secours que les yeux et la main, par le simple jeu d'un certain nombre de pièces. A vingt-trois ans, ayant eu connaissance des expériences de Torricelli sur la suspension de l'eau dans les pompes et du mercure dans un tube de verre, il avait imaginé des expériences nouvelles, qui, confirmant les précédentes, achevèrent de démontrer la pesanteur de l'air. Bientôt, pleinement désabusé de la gloire et des joies du monde, à cet âge où les hommes

commencent à peine à les connaître, il se confina dans
la retraite, n'ayant pour société que ces illustres solitaires, l'honneur de Port-Royal, les Arnauld, les
Sacy, les Lancelot. Touché de leurs vertus, non moins
austères que leur doctrine, il apprit à leur école la
théologie ; il se pénétra de leurs maximes, de leurs
préjugés, de leurs erreurs ; il embrassa la cause du
jansénisme avec toute l'ardeur de son âme, et quand
cette cause paraissait à la veille de succomber, il la
releva devant l'opinion par ses *Lettres à un Provin-
cial*, qui ont fixé la prose française.

Nous sommes en l'année 1654, ou au commencement
de 1655. Sur l'avis de son confesseur, M. Singlin, Pascal, alors âgé de trente et un ans, vient de se retirer
à Port-Royal des Champs. Il y rencontre M. de Sacy,
à qui la direction spirituelle de cette maison avait été
confiée. M. de Sacy était un prêtre pieux, sensé et
instruit, plus versé dans la lecture de la Bible et des
Pères que dans celle des écrivains profanes, mais ha-
bile à proportionner ses entretiens au genre d'esprit
et d'habitudes de ceux avec qui il parlait, sachant
causer de médecine avec les médecins, des productions de la terre avec un cultivateur, de philosophie
avec un philosophe. « Tout lui servait, dit un de ses
biographes, pour passer aussitôt à Dieu, et pour y
faire passer les autres. » Pascal avait beaucoup lu
Épictète et Montaigne. Lorsqu'il fut entré à Port-
Royal, M. de Sacy ne manqua pas de le placer sur ce
terrain, et ils eurent tous deux, à propos d'Épictète
et de Montaigne, un entretien qui nous a été heureusement conservé. Cet entretien a devancé la compo-
sition des grands ouvrages que Pascal se proposa plus

tard de consacrer à la défense de la religion chrétienne. Il offre, quant au fond, plus d'un trait qui se
retrouvera plus tard dans les *Pensées*; à ne considérer
que la forme, on y admire à chaque ligne une vigueur
incomparable qui n'a jamais appartenu qu'à Pascal, et
qui le trahit, bien qu'il n'ait pas lui-même écrit les discours qu'on lui prête, et qu'ils ne soient que le ré-
sumé de ses paroles recueillies par un humble disciple
de Port-Royal, Fontaine.

Épictète, selon Pascal, « est un des philosophes du
monde qui a le mieux connu les devoirs de l'homme »;
devoirs de foi en Dieu qui est notre principale fin; devoirs de soumission à ses volontés qui sont toutes
justes et sages; devoirs de résignation, lorsque sa
providence nous retire les biens qu'elle nous avait non
pas donnés, mais prêtés; devoirs d'humilité consis-
tant à ne pas faire étalage de nos bonnes résolutions.
Si Épictète avait aussi bien connu l'impuissance de
l'homme que ses devoirs, « j'ose dire, s'écrie Pascal,
qu'il mériterait d'être adoré. » Mais « comme il était
terre et cendre, après avoir si bien vu ce qu'on doit,
il se perd dans la présomption de ce que l'on peut. »
En effet, il croit que l'homme a en lui-même les
moyens de s'aquitter de toutes ses obligations; que
ces moyens sont toujours en notre puissance; que
par nous-mêmes, par conséquent, nous pouvons
nous rendre parfaits, c'est-à-dire parfaitement connaître Dieu, l'aimer, lui obéir, lui plaire, nous rendre
saints et compagnons de Dieu. « Ces principes d'une
superbe diabolique » conduisent Épictète à d'autres
erreurs, par exemple, que l'âme est une partie de la
substance divine, que la douleur et la mort ne sont pas

des maux, qu'on peut se tuer, quand on est persuadé
que Dieu nous appelle à lui, etc.

En regard de cette philosophie présomptueuse, qui
exalte la nature humaine, qui croit qu'elle se suffit à
elle-même, et que rien n'est au-dessus de sa portée, ni
la vérité, ni la vertu, ni le bonheur, il existe une autre
philosophie qui déprime l'homme et qui ne laisse rien
subsister de ses croyances les plus invincibles, ni de
ses espérances les plus certaines : c'est le pyrrhonisme,
représenté par Montaigne avec un enjouement si per-
fide et une si dangereuse séduction. Après avoir ca-
ractérisé comme on vient de le voir la doctrine d'É-
picure, Pascal prend à partie l'auteur des *Essais*.

Montaigne est né dans les États du roi Très-Chré-
tien; il fait donc profession de la religion catholique;
mais quand il a mis à part la révélation, quand il
considère l'homme privé de la lumière de la foi, à
quelles conclusions arrive-t-il?

« Il met toutes choses, dit Pascal, dans un doute
universel et si général, que ce doute s'emporte soi-
même, c'est-à-dire qu'il doute s'il doute; et doutant
même de cette dernière proposition, son incertitude
roule sur elle-même dans un cercle perpétuel et sans
repos; s'opposant également à ceux qui assurent que
tout est incertain, et à ceux qui assurent que tout ne
l'est pas, parce qu'il ne veut rien assurer. C'est dans
ce doute qui doute de soi, et dans cette ignorance qui
s'ignore, et qu'il appelle sa maîtresse forme, qu'est
l'essence de son opinion, qu'il n'a pu exprimer par
aucun terme positif. Car s'il dit qu'il doute, il se trahit,
en assurant au moins qu'il doute, ce qui étant formel-
lement contre son intention, il n'a pu s'expliquer que

par interrogation, de sorte que ne voulant pas dire :
Je ne sais, il dit : Que sais-je? »

Avec cette flottante devise, Montaigne pouvait sans
inconséquence combattre énergiquement, comme il
l'a fait dans son *Apologie pour Raimond de Sebonde*,
l'impiété des philosophes qui osent assurer que Dieu
n'est pas ; mais tout ce qui passe pour le plus certain
parmi les hommes, il est conduit à le détruire insensiblement. La nature spirituelle de l'âme, l'extrême
différence de l'homme et des animaux, la vérité et
l'erreur, le bien et le mal, la justice et le droit, la vie
et la mort, il ne reste pas un seul point sur lequel il
ne laisse la raison dans le doute. C'est ce que Pascal
fait admirablement ressortir dans une incomparable
analyse de la doctrine des *Essais*. Aussi comprend-on
qu'après l'avoir entendu, M. de Sacy ait pu lui ré-
pondre : « Je vous suis obligé, monsieur ; je suis sûr
que si j'avais longtemps lu Montaigne, je ne le connaîtrais pas autant que je fais depuis cet entretien que
je viens d'avoir avec vous. »

Cependant M. de Sacy félicite Pascal de s'être élevé
au-dessus de ces personnes qu'on appelle des docteurs, mais qui ont le cœur vide de vérité. « Dieu,
lui dit-il, a répandu dans votre cœur d'autres douceurs et d'autres attraits que ceux que vous trouviez
dans Montaigne. Il vous a rappelé de ce plaisir dangereux, *a jucunditate pestifera*. »

Et Pascal reprend : « Je vous avoue, monsieur, que
je ne puis voir sans joie dans cet auteur la superbe
raison si invinciblement froissée par ses propres armes, et cette révolte si sanglante de l'homme contre
l'homme.... »

Puis, analysant de nouveau les maximes de Montaigne, non sans relever ce qu'elles ont de païen, il trace de sa plume la plus fine ce fidèle portrait dans lequel l'auteur des *Essais* se serait reconnu :

« Montaigne rejette bien loin cette vertu stoïque qu'on peint avec une mine sévère, un regard farouche, des cheveux hérissés, le front ridé et en sueur, dans une posture pénible et tendue, loin des hommes, dans un morne silence, et seule sur la pointe d'un rocher, fantôme, à ce qu'il dit, capable d'effrayer les enfants, et qui ne fait là autre chose, avec un travail continuel, que de chercher le repos, où il n'arrive jamais. La sienne est naïve, familière, plaisante, enjouée et, pour ainsi dire, folâtre : elle suit ce qui la charme et badine négligemment des accidents bons ou mauvais, couchée mollement dans le sein de l'oisiveté tranquille ; d'où elle montre aux hommes qui cherchent la félicité avec tant de peines, que c'est là seulement où elle repose et que l'ignorance et l'incuriosité sont deux doux oreillers pour une tête bien faite, comme il dit lui-même.

Mais quelle est la source des erreurs d'Épictète et de celles de Montaigne ? « C'est de n'avoir pas su, répond Pascal, que l'état de l'homme à présent diffère de celui de sa création : de sorte que l'un, remarquant quelques traces de la première grandeur, et ignorant la corruption, a traité la nature comme saine et sans besoin de réparateur : ce qui le mène au comble de la superbe ; au lieu que l'autre, éprouvant la misère présente et ignorant la première dignité, traite la nature comme nécessairement infirme et irréparable ; ce qui le précipite dans le désespoir d'arri-

ver à un véritable bien, et de là dans une extrême lâcheté.... »

Tout chez les solitaires de Port-Royal tendait à la
pratique. Il ne se pouvait donc pas qu'un entretien
sur Épictète et Montaigne n'aboutît pas à une conclu-
sion sur l'utilité qu'on pouvait tirer de la lecture
de l'un ou de l'autre de ces écrivains. Aussi, dans
une dernière réplique à M. de Sacy, Pascal exprime
son opinion à cet égard. « Je trouve, dit-il, dans Épictète un art incomparable pour troubler le repos de
ceux qui le cherchent dans les choses extérieures, et
pour les forcer à reconnaître qu'ils sont de véritables
esclaves et de misérables aveugles; qu'il est impossible qu'ils trouvent autre chose que l'erreur et la
douleur qu'ils fuient, s'ils ne se donnent sans réserve à Dieu seul. Montaigne est incomparable pour
confondre l'orgueil de ceux qui, hors de la foi, se piquent d'une véritable justice, pour désabuser ceux qui
s'attachent à leurs opinions, et qui croient trouver
dans les sciences des vérités inébranlables.... Mais si
Épictète combat la paresse, il mène à l'orgueil ;... et
Montaigne est absolument pernicieux à ceux qui ont
quelque pente à l'impiété et aux vices. C'est pourquoi
ces lectures doivent être réglées avec beaucoup de
soin, de discrétion et d'égards à la condition et aux
mœurs de ceux à qui on les conseille.... »

Voilà de quels objets les solitaires de Port-Royal
conversaient entre eux, et à quelle hauteur s'élevaient
leurs entretiens lorsque Pascal était au nombre des
interlocuteurs. La langue française ne possède rien
qui puisse être comparé au précieux fragment de dis-
cussion chrétienne que nous venons de résumer, en

essayant de ne pas en altérer le caractère. Ce n'est pas là un de ces dialogues imaginaires tels que les poëtes et les philosophes en inventent et où perce toujours, comme dans le dialogue d'Eucrate et de Sylla, ce petit chef-d'œuvre de Montesquieu, l'effort industrieux du penseur et de l'écrivain. Ici la fiction fait place à la vérité; l'art disparaît; nous sommes en présence, non d'un auteur, mais d'un homme, et d'un homme de génie, doué d'une éloquence naturelle que l'émotion sincère qu'il éprouve fait jaillir du fond de son âme avec plus d'énergie et d'éclat.

Voulons-nous envisager le génie de Pascal sous un autre aspect, non pas moins sévère, mais plus calme? Nous étudierons quelques pages sur l'*Autorité en matière de philosophie*, extraites de la préface d'un *Traité sur le vide* aujourd'hui perdu, et heureusement échappées à la destruction de cet ouvrage. Mais pour saisir le lien qui rattache ce morceau célèbre à l'ensemble des travaux logiques de Pascal, il ne sera pas inutile de le rapprocher de deux autres fragments, l'un *De l'esprit géométrique*, l'autre *De l'art de persuader*. Il paraît démontré aujourd'hui que, dans l'intention de l'auteur, ces deux fragments n'étaient pas destinés à être séparés, mais devaient former un écrit unique, consacré à l'exposition des principales règles de la méthode.

Comme géomètre, comme physicien, comme philosophe, Pascal avait à tous les titres qualité pour émettre son avis sur cette grave question un peu négligée des anciens, mais justement signalée par le chancelier Bacon et par Descartes comme la plus importante de la philosophie.

Selon Pascal, on peut avoir trois principaux objets

dans l'étude de la vérité : l'un de la découvrir quand on la cherche ; l'autre de la démontrer quand on la possède ; le dernier de la discerner d'avec le faux quand on l'examine. « Je ne parle pas du premier, continue-t-il ; je traite particulièrement le second, et il enferme le troisième. Car si l'on sait la méthode de prouver la vérité, on aura en même temps celle de la discerner, puisqu'en examinant si la preuve qu'on en donne est conforme aux règles qu'on connaît, on saura si elle est exactement démontrée. »

Ainsi, l'art de démontrer les vérités déjà trouvées, et de les éclaircir de telle sorte que la preuve en soit invincible, cet art est le seul que Pascal ait le dessein d'exposer, et comme, à ses yeux, la géométrie est la science qui pratique le mieux cet art et qui en offre le modèle le plus achevé, on ne s'étonnera pas qu'il ait intitulé : *De l'esprit de géométrie,* le fragment, ou plutôt, comme disait Arnauld, le petit écrit où il expose, à sa manière, les principales règles de la méthode.

L'art de démontrer, selon Pascal, comprend deux points : 1º prouver chaque proposition en particulier ; 2º disposer toutes les propositions dans le meilleur ordre.

Que faut-il pour prouver une proposition ? En d'autres termes, quelles sont les règles de la démonstration ? Pascal en signale deux principales : la première est de n'employer aucun terme dont on n'ait auparavant expliqué nettement le sens ; la seconde est de n'avancer aucune proposition qu'on ne démontre par des vérités déjà connues.

Le procédé qui sert à expliquer le sens des termes

qu'on emploie, est la définition. L'utilité des définitions, comme le remarque Pascal, « est d'éclaircir
et d'abréger les discours en exprimant par un seul
nom qu'on impose ce qui ne pourrait se dire qu'en
plusieurs termes; en sorte, néanmoins, que le nom
imposé demeure dénué de tout autre sens, s'il en a,
pour n'avoir plus que celui auquel on le destine uni-
quement. »

Mais Pascal se hâte de faire remarquer que le langage renferme évidemment des mots primitifs, qu'on
ne peut définir, comme celui d'être ou d'existence, et
d'autres termes qui sont si naturellement compris,
que l'éclaircissement qu'on en voudrait faire apporte-
rait plus d'obscurité que de lumière.

Considérons les géomètres : ont-ils défini ces mots
primitifs, *espace, temps, mouvement, égalité, majorité,
diminution, tout?* Non assurément; ils se sont conten-
tés de définir les noms qui n'étaient pas parfaitement
intelligibles par la lumière naturelle.

De même, il y a des principes si clairs, qu'on n'en
trouve pas qui le soient davantage pour servir à leur
preuve. Quand la géométrie est arrivée à ces premiers
principes, elle s'arrête et demande qu'on les accorde,
n'ayant rien de plus clair pour les démontrer.

Pascal signale avec raison cette double pratique
des géomètres comme très-digne d'être imitée par les
philosophes. Combien de fois n'est-il pas arrivé à la
philosophie de s'épuiser en efforts pour définir des
termes simples qui échappent à la définition, ou pour
démontrer des maximes qui sont au-dessus de la démonstration; stérile et funeste travail qui ne pouvait
aboutir qu'à de misérables paralogismes! Ajoutons

que très-souvent on a vu les philosophes, par une erreur contraire, tantôt ériger en axiomes les hypothè-
ses les plus audacieusement arbitraires, sinon des erreurs manifestes, tantôt abuser les esprits par des
termes équivoques ou mal définis, employés tour à tour
dans des sens très-différents. Les métaphysiciens de
nos jours se seraient brisés moins fréquemment contre ces écueils redoutables, si, fidèles à la recomman-
dation de Pascal, ils s'étaient pénétrés davantage de
la méthode et des exemples des géomètres.

Nous n'insistons pas sur une assez longue digres-
sion touchant la divisibilité de la matière à l'infini ;
subtil problème qui partageait déjà dans l'antiquité
deux écoles rivales, l'école de Leucippe et de Démocrite et l'école d'Élée. La controverse a continué,
même après Pascal ; mais s'il n'a pas réussi, comme
il croyait, à l'élucider pleinement, il a saisi avec profondeur le côté religieux de ces questions en apparence tout abstraites, et de là ces pages mélancoliques
et sublimes, qui tombèrent un jour de sa plume et
qui se trouvent recueillies au livre de ses *Pensées*, sur
l'extrême petitesse de la nature, prodige non moins
surprenant que son immensité, et sur l'étrange condition de l'homme, suspendu pour ainsi dire entre ces
deux abîmes, à une égale distance du néant et de
l'infini.

En poursuivant cette rapide analyse, nous arrivons
au fragment *De l'art de persuader*, fragment, comme
nous l'avons fait observer, qui forme un seul écrit
avec le morceau *De l'esprit géométrique*.

Pascal commence par rappeler « qu'il y a deux en-
trées par où les opinions sont reçues dans l'âme, qui

sont ses deux principales puissances, l'entendement
et la volonté. La plus naturelle est celle de l'entendement; car on ne devrait jamais consentir qu'aux
vérités démontrées; mais la plus ordinaire, quoique
contre nature, est celle de la volonté; car tout ce qu'il
y a d'hommes sont presque toujours emportés à croire,
non par la preuve, mais par l'agrément. Cette voie
est basse, indigne, étrangère : aussi tout le monde
la désavoue. Chacun fait profession de croire et même
de n'aimer que ce qu'il sait le mériter. »

Néanmoins en dépit des moralistes et de notre con-
science, il nous arrive souvent d'écouter la passion et
de la suivre plutôt que la raison. Que conclure de là ?
C'est que le philosophe ou l'orateur, quoi que ce soit
qu'il veuille persuader, doit avoir égard à la personne
à laquelle il s'adresse; doit connaître son esprit et son
cœur; doit savoir quels principes elle accorde, quelles
choses elle aime; de sorte, conclut Pascal, que l'art
de persuader consiste autant en celui d'agréer qu'en
celui de convaincre, tant les hommes se gouvernent
plus par caprice que par raison !

Nous connaissons déjà la plupart des règles que comprend l'art de convaincre; les unes concernent les définitions; les autres les axiomes; les autres les démonstrations. Elles sont ainsi formulées par Pascal :

« *Règles pour les définitions.* 1° N'entreprendre de
définir aucune des choses tellement connues d'elles-
mêmes, qu'on n'ait point de termes plus clairs pour
les expliquer. 2° N'omettre aucun des termes un peu
obscurs ou équivoques sans définition. 3° N'employer
dans la définition des termes que des mots parfaitement connus ou déjà expliqués.

Règles pour les axiomes. 1º N'omettre aucun des principes nécessaires, sans avoir demandé si on l'accorde,
quelque clair et évident qu'il puisse être. Ne deman-
der, en axiomes, que des choses parfaitement éviden-
tes d'elles-mêmes.

Règles pour les démonstrations. 1º N'entreprendre de
démontrer aucune des choses qui sont tellement évi-
dentes d'elles-mêmes, qu'on n'ait rien de plus clair
pour les prouver. 2º Prouver toutes les propositions
un peu obscures, et n'employer ' leurs preuves que
des axiomes très-évidents, ou des propositions déjà
accordées et démontrées. 3º Substituer toujours men-
talement les définitions à la place des définis, pour ne
pas se tromper par l'équivoque des termes que les définitions ont restreints.

Ces règles paraissent bien simples au premier coup
d'œil, et il ne semble pas nécessaire d'avoir étudié la
géométrie pour les comprendre et les pratiquer. Mais
tous ceux qui se figurent les connaître en ont-ils pénétré
le sens et la portée? Savent-ils en faire l'application? Si
nous en croyons Pascal, il n'y a rien de si inconnu et rien
de plus utile et de plus universel, que ce petit nombre de préceptes empruntés à la méthode des géomètres. Combien ne l'emportent-ils pas sur les règles
confuses et fausses qui composent la logique vulgaire?
Pascal a raison, et cette logique naturelle dont il s'est
fait interprète vaut mieux sans contredit que celle qui
s'expliquait, dans les écoles du moyen âge, au nom
d'Aristote. Mais gardons-nous d'exagérer l'influence
de la logique ; elle ne saurait suppléer au génie. Si
bon que soit l'instrument, que peut-il produire quand
il est manié par une main malhabile ?

2

Arrivons à un dernier fragment de Pascal, qui touche, comme les précédents, à la méthode dans les sciences, et qui doit attirer particulièrement notre attention, le célèbre morceau *De l'autorité en matière de philosophie.*

Pascal y démontre avec éloquence et profondeur que si, dans l'histoire, dans la géographie, dans la jurisprudence, et surtout dans la théologie, en un mot dans toutes les sciences qui ont pour principe ou bien le fait simple, ou bien l'institution soit divine, soit humaine, il faut nécessairement recourir aux livres des anciens : tout au contraire, dans ces branches des connaissances humaines dont le sujet tombe sous les yeux ou sous le raisonnement, l'autorité est inutile, la raison pure a le droit de prononcer. Telle est la condition de la géométrie, de la physique, de la médecine; il est nécessaire qu'elles soient augmentées pour devenir parfaites. Que serait-il arrivé si les anciens n'avaient osé rien ajouter aux connaissances qu'ils avaient reçues de leurs pères? Ils se seraient privés eux-mêmes et leur postérité du fruit de leurs inventions. Nous ne devons pas les traiter avec plus de retenue qu'ils n'ont traité ceux qui les avaient précédés; nous avons le droit de chercher à les dépasser, en nous servant des vérités qu'ils ont connues pour en découvrir de nouvelles. C'est là que Pascal compare toute la suite des hommes pendant le cours de tant de siècles, à « un même homme qui subsiste toujours en apprenant continuellement; » comparaison d'une admirable vérité, qui remplace le culte superstitieux pour les anciens par le juste sentiment du progrès de l'humanité à travers les âges.

C'est ainsi que dans les arides questions qui sont le
domaine du logicien, Pascal a encore laissé son em-
preinte et comme philosophe et comme écrivain. Sans
doute il n'a pas réformé la méthode des sciences, ni
communiqué à l'esprit humain, dans une voie nouvelle, cette impulsion vigoureuse que Bacon avait pres-
sentie et qui fut la gloire de Descartes ; mais il eut au
plus haut degré l'intelligence des conditions que suppose le vrai savoir, et sans lesquelles la connaissance
humaine est trop équivoque et trop obscure pour mériter le nom de science. Il nous enseigne à nous rendre compte de nos idées, à les lier fortement, à ne
pas nous payer de mots inintelligibles, à viser autant
qu'il dépend de nous à la rigueur de la géométrie. Ces
préceptes judicieux, éloquemment exprimés, suffiraient
à la renommée d'un autre écrivain, et cependant ils
ne sont que la moindre partie de l'héritage que nous
a légué l'immortel auteur des *Pensées*

I

DE L'AUTORITÉ EN MATIÈRE DE PHILOSOPHIE[1].

Le respect que l'on porte à l'antiquité est aujourd'hui à tel point, dans les matières où il doit avoir moins de force, que l'on se fait des oracles de toutes ses pensées et des mystères même de ses obscurités ; que l'on ne peut plus avancer de nouveautés sans péril, et que le texte d'un auteur suffit pour détruire les plus fortes raisons[2]....

Ce n'est pas que mon intention soit de corriger un vice par un autre, et de ne faire nulle estime des anciens, parce que l'on en fait trop.

Je ne prétends pas bannir leur autorité pour relever le raisonnement tout seul, quoique l'on veuille établir leur autorité seule au préjudice du raisonnement....

Pour faire cette importante distinction avec at-

---

1. Ce morceau, publié pour la première fois par Bossuet, faisait partie de la préface d'un *Traité du vide*, que Pascal paraît avoir composé de 1647 à 1651, et qui ne s'est pas retrouvé à sa mort dans ses papiers. Nous avons suivi le texte de l'édition de M. Faugère, en conservant toutefois ce titre un peu arbitraire : *De l'autorité en matière de philosophie*, qui avait été adopté par le premier éditeur, et sous lequel ces admirables pages sont devenues populaires.

2. Il y a ici, dans le manuscrit collationné par M. Faugère une lacune qui se reproduit quelques lignes plus bas, et que nous avons marquée par des points. Le sens ne laisse pourtant pas d'être clair.

tention, il faut considérer que les unes dépendent seulement de la mémoire et sont purement historiques, n'ayant pour objet que de savoir ce que les auteurs ont écrit ; les autres dépendent seulement du raisonnement et sont entièrement dogmatiques, ayant pour objet de chercher et découvrir les vérités cachées.

C'est suivant cette distinction qu'il faut régler différemment l'étendue de ce respect.

Dans les matières où l'on recherche seulement de savoir ce que les auteurs ont écrit, comme dans l'histoire, dans la géographie, dans la jurisprudence, dans les langues, et surtout dans la théologie, et enfin dans toutes celles qui ont pour principe, ou le fait simple, ou l'institution divine ou humaine, il faut nécessairement recourir à leurs livres, puisque tout ce que l'on en peut savoir y est contenu : d'où il est évident que l'on peut en avoir la connaissance entière, et qu'il n'est pas possible d'y rien ajouter.

S'il s'agit de savoir qui fut premier roi des Français ; en quel lieu les géographes placent le premier méridien ; quels mots sont usités dans une langue morte, et toutes les choses de cette nature ; quels autres moyens que les livres pourraient nous y conduire ? Et qui pourra rien ajouter de nouveau à ce qu'ils nous en apprennent, puisqu'on ne veut savoir que ce qu'ils contiennent ?

C'est l'autorité seule qni nous en peut éclaircir. Mais où cette autorité a la principale force, c'est dans la théologie, parce qu'elle y est inséparable de la vérité, et que nous ne la connaissons que par elle : de sorte que pour donner la certitude entière des matières les plus incompréhensibles à la raison, il suffit de les voir dans les livres sacrés; comme pour montrer l'incertitude des choses les plus vraisemblables, il faut seulement faire voir qu'elles n'y sont pas comprises, parce que ses principes sont au-dessus de la nature et de la raison, et que, l'esprit de l'homme étant trop faible pour y arriver par ses propres efforts, il ne peut parvenir à ces hautes intelligences s'il n'y est porté par une force toute-puissante et surnaturelle.

Il n'en est pas de même des sujets qui tombent sous le sens ou sous le raisonnement : l'autorité y est inutile; la raison seule a lieu d'en connaître. Elles ont leurs droits séparés : l'une avait tantôt tout l'avantage; ici l'autre règne à son tour. Mais comme les sujets de cette sorte sont proportionnés à la portée de l'esprit, il trouve une liberté tout entière de s'y étendre : sa fécondité inépuisable produit continuellement, et ses inventions peuvent être tout ensemble sans fin et sans interruption.

C'est ainsi que la géométrie, l'arithmétique, la musique, la physique, la médecine, l'architecture, et toutes les sciences qui sont soumises à l'expérience et au raisonnement, doivent être augmentées pour devenir parfaites. Les anciens les ont trouvées seulement ébauchées par ceux qui les ont précédés, et nous les laisserons à ceux qui viendront après nous en un état plus accompli que nous ne les avons reçues.

Comme leur perfection dépend du temps et de la peine, il est évident qu'encore que notre peine et

notre temps nous eussent moins acquis que leurs
travaux séparés des nôtres, tous deux néanmoins
joints ensemble doivent avoir plus d'effet que chacun en particulier.

L'éclaircissement de cette différence doit, nous
faire plaindre l'aveuglement de ceux qui apportent
la seule autorité pour preuve dans les matières
physiques, au lieu du raisonnement ou des expériences; et nous donner de l'horreur pour la ma-
lice des autres, qui emploient le raisonnement
seul dans la théologie, au lieu de l'autorité de l'É-
criture et des Pères. Il faut relever le courage de
ces gens timides qui n'osent rien inventer en physique, et confondre l'insolence de ces téméraires
qui produisent des nouveautés en théologie. Cependant le malheur du siècle est tel, qu'on voit
beaucoup d'opinions nouvelles en théologie, in-
connues à toute l'antiquité, soutenues avec obsti-
nation et reçues avec applaudissement; au lieu
que celles qu'on produit dans la physique, quoique en petit nombre, semblent devoir être con-
vaincues de fausseté dès qu'elles choquent tant
soit peu les opinions reçues : comme si le respect
qu'on a pour les anciens philosophes était de devoir, et que celui qu'on porte aux plus anciens des
Pères était seulement de bienséance! Je laisse aux
personnes judicieuses à remarquer l'importance
de cet abus qui pervertit l'ordre des sciences avec
tant d'injustice; et je crois qu'il y en aura peu qui
ne souhaitent que cette *liberté*[1] s'applique à d'au-

1. Le mot souligné, que M. Faugère a rétabli par conjec- | ture, est en blanc dans le ma- | nuscrit.

tres matières, puisque les inventions nouvelles sont infailliblement des erreurs dans les matières que l'on profane impunément, et qu'elles sont absolument nécessaires pour la perfection de tant d'autres sujets incomparablement plus bas, que toutefois on n'oserait toucher.

Partageons avec plus de justice notre crédulité et notre défiance, et bornons ce respect que nous avons pour les anciens. Comme la raison le fait naître, elle doit aussi le mesurer; et considérons que s'ils fussent demeurés dans cette retenue de n'oser rien ajouter aux connaissances qu'ils avaient reçues, ou que ceux de leur temps eussent fait la même difficulté de recevoir les nouveautés qu'ils leur offraient, ils se seraient privés eux-mêmes et leur postérité du fruit de leurs inventions.

Comme ils ne se sont servis de celles qui leur avaient été laissées que comme de moyens pour en avoir de nouvelles, et que cette heureuse hardiesse leur avait ouvert le chemin aux grandes choses, nous devons prendre celles qu'ils nous ont acquises de la même sorte, et à leur exemple en faire les moyens et non pas la fin de notre étude, et ainsi tâcher de les surpasser en les imitant.

Car qu'y a-t-il de plus injuste que de traiter nos anciens avec plus de retenue qu'ils n'ont fait ceux qui les ont précédés, et d'avoir pour eux ce respect inviolable qu'ils n'ont mérité de nous que parce qu'ils n'en ont pas eu un pareil pour ceux qui ont eu sur eux le même avantage?

Les secrets de la nature sont cachés; quoiqu'elle agisse toujours, on ne découvre pas toujours ses

effets : le temps les révèle d'âge en âge, et quoique toujours égale en elle-même, elle n'est pas
toujours également connue.

Les expériences qui nous en donnent l'intelligence, multiplient continuellement; et, comme
elles sont les seuls principes de la physique, les
conséquences multiplient à proportion.

C'est de cette façon que l'on peut aujourd'hui
prendre d'autres sentiments et de nouvelles opinions, sans mépriser *les anciens et*[1] sans ingra-
titude, puisque les premières connaissances qu'ils
nous ont données, ont servi de degrés aux nôtres,
et que dans ces avantages nous leur sommes re-
devables de l'ascendant que nous avons sur eux,
parce que s'étant élevés jusqu'à un certain degré
où ils nous ont portés, le moindre effort nous fait
monter plus haut, et avec moins de peine et moins
de gloire nous nous trouvons au-dessus d'eux.
C'est de là que nous pouvons découvrir des choses
qu'il leur était impossible d'apercevoir. Notre vue
a plus d'étendue, et quoiqu'ils connussent aussi
bien que nous tout ce qu'ils pouvaient remarquer
de la nature, ils n'en connaissaient pas tant néanmoins, et nous voyons plus qu'eux.

Cependant, il est étrange de quelle sorte on ré-
vère leurs sentiments. On fait un crime de les
contredire, et un attentat d'y ajouter, comme s'ils
n'avaient plus laissé de vérités à connaître.

N'est-ce pas là traiter indignement la raison de
l'homme, et la mettre en parallèle avec l'instinct

---

1. Les mots soulignés ne se trouvent pas dans le manuscrit.

des animaux, puisqu'on en ôte la principale différence, qui consiste en ce que les effets du raisonnement augmentent sans cesse, au lieu que l'instinct demeure toujours dans un état égal? Les
ruches des abeilles étaient aussi bien mesurées
il y a mille ans qu'aujourd'hui, et chacune d'elles
forme cet hexagone aussi exactement la première
fois que la dernière. Il en est de même de tout ce
que les animaux produisent par ce mouvement
occulte. La nature les instruit à mesure que la
nécessité les presse; mais cette science fragile se
perd avec les besoins qu'ils en ont : comme ils la
reçoivent sans étude, ils n'ont pas le bonheur de
la conserver; et toutes les fois qu'elle leur est
donnée, elle leur est nouvelle, puisque la nature
n'ayant pour objet que de maintenir les animaux
dans un ordre de perfection bornée, elle leur in-
spire cette science nécessaire, toujours égale, de
peur qu'ils ne tombent dans le dépérissement, et
ne permet pas qu'ils y ajoutent, de peur qu'ils ne
passent les limites qu'elle leur a prescrites. Il
n'en est pas de même de l'homme, qui n'est produit que pour l'infinité. Il est dans l'ignorance au
premier âge de sa vie; mais il s'instruit sans cesse
dans son progrès; car il tire avantage, non-seulement de sa propre expérience, mais encore de celle
de ses prédécesseurs, parce qu'il garde toujours
dans sa mémoire les connaissances qu'il s'est une
fois acquises, et que celles des anciens lui sont
toujours présentes dans les livres qu'ils ont lais-
sés. Et comme il conserve ces connaissances, il
peut aussi les augmenter facilement; de sorte que

les hommes sont aujourd'hui en quelque sorte
dans le même état où se trouveraient ces anciens
philosophes, s'ils pouvaient avoir vieilli jusques
à présent, en ajoutant aux connaissances qu'ils
avaient celles que leurs études auraient pu leur
acquérir à la faveur de tant de siècles. De là vient
que, par une prérogative particulière, non-seulement chacun des hommes s'avance de jour en jour
dans les sciences, mais que tous les hommes ensemble y font un continuel progrès à mesure que
l'univers vieillit, parce que la même chose arrive
dans la succession des hommes que dans les âges
différents d'un particulier. De sorte que toute la
suite des hommes, pendant le cours de tant de
siècles, doit être considérée comme un même
homme qui subsiste toujours et qui apprend continuellement : d'où l'on voit avec combien d'injustice nous respectons l'antiquité dans ses philosophes ; car, comme la vieillesse est l'âge le plus
distant de l'enfance, qui ne voit que la vieillesse
dans cet homme universel ne doit pas être cher-
chée dans les temps proches de sa naissance, mais
dans ceux qui en sont les plus éloignés ? Ceux que
nous appelons anciens étaient véritablement nouveaux en toutes choses, et formaient l'enfance des
hommes proprement ; et comme nous avons joint
à leurs connaissances l'expérience des siècles qui
les ont suivis, c'est en nous que l'on peut trouver
cette antiquité que nous révérons dans les autres[1].

1. Cette comparaison si éloquemment juste nous paraît être
une réminiscence du chancelier
Bacon, qui s'exprime en ces ter-

Ils doivent êtres admirés dans les conséquences qu'ils ont bien tirées du peu de principes qu'ils avaient, et ils doivent être excusés dans celles où ils ont plutôt manqué du bonheur de l'expérience que de la force du raisonnement.

Car n'étaient-ils pas excusables dans la pensée qu'ils ont eue pour la *voie de lait*, quand la faiblesse de leurs yeux n'ayant pas encore reçu le secours de l'artifice, ils ont attribué cette couleur à une plus grande solidité en cette partie du ciel, qui renvoie la lumière avec plus de force[1]?

mes au premier livre du *Novum organum*, aph. 84 : « Mundi senium et grandævitas pro antiquitate vere habenda sunt; quæ temporibus nostris tribui debent, non juniori ætati mundi, qualis apud antiquos fuit. Illa enim ætas, respectu nostri, antiqua et major, respectu mundi ipsius, nova et minor fuit. Atque revera quemadmodum majorem rerum humanarum notitiam, et maturius judicium, ab homine sene exspectamus, quam a juvene, propter experientiam, et rerum quas vidit, et audivit, et cogitavit, varietatem et copiam; eodem modo et a nostra ætate (si vires suas nossit, et intendere vellet) majora multo quam a priscis temporibus exspectari par est, utpote ætate mundi grandiore et infinitis experimentis et observationibus aucta et cumulata.... Summæ pusillanimitatis est auctoribus infinita tribuere; auctori autem auctorum, atque adeo omnis auctoritatis, tempori, jus suum denegare. Recte enim Veritas Temporis filia dicitur, non auctoritatis. » Malebranche a dit, de son côté, mais plus faiblement, *Rech. de la Vérité*, II, 2e partie, chap. III : « On ne considère pas.... qu'au temps où nous sommes, le monde est plus âgé de deux mille ans, qu'il a plus d'expérience, qu'il doit être plus éclairé; et que c'est la vieillesse du monde et l'expérience qui font découvrir la vérité. »

1. On peut lire dans Aristote, au chap. VIII du livre Ier de sa *Météorologie*, les opinions des anciens sur la voie lactée. Quelques-uns prétendaient effectivement que la voie lactée n'est autre chose, par rapport à nous, qu'une réfraction de la lumière du soleil. Mais il est à remarquer que Démocrite, au témoignage de Stobée, la considérait comme produite par la lumière d'une foule de petites étoiles s'éclairant les unes les autres.

Mais ne serions-nous pas inexcusables de demeurer dans la même pensée, maintenant qu'aidés des avantages que nous donne la lunette d'approche, nous y avons découvert une infinité de petites étoiles, dont la splendeur plus abondante nous a fait reconnaître quelle est la véritable cause de cette blancheur?

N'avaient-ils pas aussi sujet de dire que tous les corps corruptibles étaient renfermés dans la sphère du ciel de la lune, lorsque durant le cours de tant de siècles ils n'avaient point encore remarqué de corruptions ni de générations hors de cet espace? Mais ne devons-nous pas assurer le contraire, lorsque toute la terre a vu sensiblement des comètes s'enflammer et disparaître bien loin au delà de cette sphère?

C'est ainsi que sur le sujet du vide ils avaient droit de dire que la nature n'en souffrait point, parce que toutes leurs expériences leur avaient toujours fait remarquer qu'elle l'abhorrait et ne le pouvait souffrir[1].

Mais si les nouvelles expériences leur avaient été connues, peut-être auraient-ils trouvé sujet d'affirmer ce qu'ils ont eu sujet de nier par là

---

1. Dans l'antiquité, Leucippe, Démocrite et plus tard Épicure admirent l'existence du vide, nécessaire en effet pour comprendre l'éternel mouvement des atomes. Mais ce dogme était contesté par l'école d'Élée qui considérait le vide comme opposé à la notion même de l'être. Descartes ayant fait consister l'essence de la matière dans l'étendue, fut conduit à supposer de la matière partout où il y avait de l'étendue, c'est-à-dire dans tout l'espace; ce qu'il exprimait en disant : (*Principes*, P. II, § 16) « Nous devons conclure de l'espace qu'on suppose vide, que puisqu'il y a en lui de l'extension, il y a nécessairement aussi de la substance. »

que le vide n'avait point encore paru. Aussi dans
le jugement qu'ils ont fait que la nature ne souffrait point de vide, ils n'ont entendu parler de la
nature qu'en l'état où ils la connaissaient; puisque, pour le dire généralement, ce ne serait pas
assez de l'avoir vu constamment en cent rencon-
tres, ni en mille, ni en tout autre nombre, quelque grand qu'il soit; puisque s'il restait un seul
cas à examiner, ce seul....[1] Car, dans toutes les
matières dont la preuve consiste en expériences et
non en démonstrations, on ne peut faire aucune
assertion universelle que par la générale énumé-
ration de toutes les parties et de tous les cas différents. C'est ainsi que quand nous disons que le
diamant est le plus dur de tous les corps, nous
entendons de tous les corps que nous connaissons,
et nous ne pouvons ni ne devons y comprendre
ceux que nous ne connaissons point; et quand
nous disons que l'or est le plus pesant de tous les
corps, nous serions téméraires de comprendre dans
cette proposition générale ceux qui ne sont point
encore en notre connaissance, quoiqu'il ne soit
pas impossible qu'ils soient en nature.

De même quand les anciens ont assuré que la
nature ne souffrait point de vide, ils ont entendu
qu'elle n'en souffrait point dans toutes les expériences qu'ils avaient vues, et ils n'auraient pu sans
témérité y comprendre celles qui n'étaient pas en
leur connaissance. Que si elles y eussent été, sans
doute ils auraient tiré les mêmes conséquences

1. Le manuscrit offre ici une | « Ce seul cas suffirait pour em-
lacune. On peut ainsi la combler : | pêcher une assertion générale. »

que nous, et les auràient par leur aveu autorisées
de cette antiquité dont on veut faire aujourd'hui
l'unique principe des sciences.

C'est ainsi que, sans les contredire, nous pouvons assurer le contraire de ce qu'ils disaient; et,
quelque force enfin qu'ait cette antiquité, la vérité doit toujours avoir l'avantage, quoique nou-
vellement découverte, puisqu'elle est toujours
plus ancienne que toutes les opinions qu'on a
eues, et que ce serait ignorer sa nature de s'ima-
giner qu'elle ait commencé d'être au temps qu'elle
a commencé d'être connue.

II

ENTRETIEN DE PASCAL AVEC M. DE SACI

SUR ÉPICTÈTE ET MONTAIGNE[1].

« M. Pascal vint aussi, en ce temps-là, demeurer à Port-Royal des Champs. Je ne m'arrête point à dire qui était cet homme, que non-seulement toute la France, mais toute l'Europe a admiré. Son esprit toujours vif, toujours agissant, était d'une étendue, d'une élévation, d'une fermeté, d'une pénétration et d'une netteté au delà de ce qu'on peut croire.... Cet homme admirable, enfin étant touché de Dieu, soumit cet esprit si élevé au joug de J. C., et ce cœur si

1. L'*Entretien de Pascal avec M. de Saci* nous a été conservé par Fontaine dans ses *Mémoires pour servir à l'histoire de Port-Royal*, publiés en 1736. Lorsque ces mémoires étaient encore inédits, ce morceau si précieux en fut extrait par le P. Desmolets, et parut pour la première fois en 1728, au tome III de la *Continuation des mémoires de littérature et d'histoire* de cet écrivain, avec un certain nombre de leçons préférables, comme il est facile de s'en assurer, au texte imprimé des *Mémoires* de Fontaine. Condorcet, et après lui Bossut, dans leurs éditions de Pascal, se sont bornés à reproduire les paroles prononcées par celui-ci; mais en négligeant de mettre en regard les réponses de M. de Saci, ils ont enlevé à ce fragment, avec la forme du dialogue, son intérêt historique et altéré sa beauté littéraire. La faute commise par Condorcet a été relevée par M. Sainte-Beuve, *Port-Royal*, Paris, 1842, t. II, p. 369 et suiv., et par M. Cousin, *Pensées de Pascal*, Paris, 1843, p. 29. Elle a été réparée par M. Prosper Faugère, qui a reproduit le texte imprimé de Fontaine, et surtout par M. Havet, qui s'est attaché à celui qu'a donné le P. Desmolets. C'est ce dernier texte que nous avons nous-même suivi, non sans profiter de l'excellent travail de M. Havet.

noble et si grand embrassa avec humilité la pénitence. Il
vint à Paris se jeter entre les bras de M. Singlin, résolu de
faire tout ce qu'il lui ordonnerait. M. Singlin crut, en voyant
ce grand génie, qu'il ferait bien de l'envoyer à Port-Royal
des Champs, où M. Arnauld lui prêterait le collet en ce qui
regardait les hautes sciences, et où M. de Saci lui appren-
drait à les mépriser. Il vint donc demeurer à Port-Royal.
M. de Saci ne put pas se dispenser de le voir par honnêteté,
surtout en ayant été prié par M. Singlin; mais les lumières
saintes qu'il trouvait dans l'Écriture et les Pères lui firent
espérer qu'il ne serait point ébloui de tout le brillant de
M. Pascal, qui charmait néanmoins et enlevait tout le
monde. Il trouvait en effet tout ce qu'il disait fort juste. Il
avouait avec plaisir la force de son esprit et de ses discours.
Tout ce que M. Pascal lui disait de grand, il l'avait vu avant
lui dans S. Augustin, et faisant justice à tout le monde, il
disait : « M. Pascal est extrêmement estimable en ce que,
« n'ayant point lu les Pères de l'Église, il a de lui-même,
« par la pénétration de son esprit, trouvé les mêmes vérités
« qu'ils avaient trouvées. Il les trouve surprenantes, disait-
« il, parce qu'il ne les a vues en aucun endroit; mais pour
« nous, nous sommes accoutumés à les voir de tous côtés
« dans nos livres. » Ainsi, ce sage ecclésiastique trouvant
que les anciens n'avaient pas moins de lumière que les nouveaux, il s'y tenait, et estimait beaucoup M. Pascal de ce
qu'il se rencontrait en toutes choses avec S. Augustin.

« La conduite ordinaire de M. de Saci, en entretenant les
gens, était de proportionner ses entretiens à ceux à qui il
parlait. S'il voyait, par exemple, M. Champagne, il parlait
avec lui de la peinture. S'il voyait M. Hamon, il l'entrete-
nait de la médecine. S'il voyait le chirurgien du lieu, il le
questionnait sur la chirurgie. Ceux qui cultivaient ou la vi-
gne, ou les arbres, ou les grains, lui disaient tout ce qu'il y
fallait observer. Tout lui servait pour passer aussitôt à Dieu
et pour y faire passer les autres. Il crut donc devoir mettre
M. Pascal sur son fonds, et lui parler des lectures de philosophie dont il s'occupait le plus. Il le mit sur ce sujet aux
premiers entretiens qu'ils eurent ensemble. M. Pascal lui dit
que ses deux livres les plus ordinaires avaient été Épictète
et Montaigne, et il lui fit de grands éloges de ces deux es-

prits. M. de Saci, qui avait toujours cru devoir peu lire ces auteurs, pria M. Pascal de lui en parler à fond. »

« Epictète, lui dit-il, est un des philosophes du monde qui aient le mieux connu les devoirs de l'homme. Il veut, avant toutes choses, qu'il regarde Dieu comme son principal objet; qu'il soit persuadé qu'il gouverne tout avec justice; qu'il se soumette à lui de bon cœur, et qu'il le suive volontairement en tout, comme ne faisant rien qu'avec une très-grande sagesse : qu'ainsi cette disposition arrêtera toutes les plaintes et tous les murmures, et préparera son esprit à souffrir paisiblement les événements les plus fâcheux. Ne dites jamais, dit-il[1], J'ai perdu cela; dites plutôt : Je l'ai rendu. Mon fils est mort, je l'ai rendu. Ma femme est morte, je l'ai rendue, Ainsi des biens et de tout le reste. Mais celui qui me l'ôte est un méchant homme, dites-vous. De quoi vous mettez-vous en peine, par qui celui qui vous l'a prêté vous le redemande? Pendant qu'il vous en permet l'usage, ayez-en soin comme d'un bien qui appartient à autrui, comme un homme qui fait voyage se regarde dans une hôtellerie. Vous ne devez pas, dit-il, désirer que ces choses qui se font se fassent comme vous le voulez; mais vous devez vouloir qu'elles se fassent comme elles se font. Souvenez-vous, dit-il ailleurs[2], que vous êtes ici comme un acteur, et que vous jouez le personnage d'une comédie, et qu'il plaît au maître de vous le donner. S'il vous le donne court,

---

1. *Manuel d'Epictète*, ch. xi. | 2. *Ibid.*, ch. xvii.

jouez-le court; s'il vous le donne long, jouez-le long : s'il veut que vous contrefassiez le gueux, vous le devez faire avec toute la naïveté qui vous sera possible; ainsi du reste. C'est votre fait de jouer bien le personnage qui vous est donné; mais de le choisir, c'est le fait d'un autre. Ayez tous les jours devant les yeux la mort et les maux qui semblent les plus insupportables; et jamais vous ne penserez rien de bas, et ne désirerez rien avec excès.

« Il montre aussi en mille manières ce que doit faire l'homme. Il veut qu'il soit humble, qu'il cache ses bonnes résolutions, surtout dans les commencements, et qu'il les accomplisse en secret : rien ne les ruine davantage que de les produire. Il ne se lasse point de répéter que toute l'étude et le désir de l'homme doivent être de reconnaître la volonté de Dieu et de la suivre.

« Voilà, monsieur, dit Pascal à M. de Saci, les lumières de ce grand esprit qui a si bien connu les devoirs de l'homme. J'ose dire qu'il mérite-rait d'être adoré, s'il avait aussi bien connu son impuissance, puisqu'il fallait être Dieu pour apprendre l'un et l'autre aux hommes. Aussi comme il était terre et cendre, après avoir si bien compris ce qu'on doit, voici comment il se perd dans la présomption de ce que l'on peut. Il dit que Dieu a donné à tout homme les moyens de s'acquitter de toutes ses obligations; que ces moyens sont toujours en notre puissance; qu'il faut chercher la félicité par les choses qui sont en

notre pouvoir, puisque Dieu nous les a données
à cette fin. Il fait voir ce qu'il y a en nous de libre; que les biens, la vie, l'estime ne sont pas en
notre puissance, et ne mènent donc pas à Dieu;
mais que l'esprit ne peut être forcé de croire ce
qu'il sait être faux, ni la volonté d'aimer ce qu'elle
sait qui la rend malheureuse : que ces deux puissances sont libres, et que c'est par elles que nous
pouvons nous rendre parfaits; que l'homme peut
par ces puissances parfaitement connaître Dieu,
l'aimer, lui obéir, lui plaire, se guérir de tous ses
vices, acquérir toutes les vertus, se rendre saint,
et ainsi compagnon de Dieu. Ces principes d'une
superbe diabolique le conduisent à d'autres erreurs, comme : que l'âme est une portion de la
substance divine; que la douleur et la mort ne
sont pas des maux; qu'on peut se tuer quand on
est telleme.'' persécuté qu'on peut croire que Dieu
appelle, et d'autres.

« Pour Montaigne, dont vous voulez aussi, monsieur, que je vous parle, étant né dans un État
chrétien, il fait profession de la religion catholique, et en cela il n'a rien de particulier. Mais
comme il a voulu chercher quelle morale la raison devait dicter sans la lumière de la foi, il a pris
ses principes dans cette supposition; et ainsi en
considérant l'homme destitué de toute révélation,
il discourt en cette sorte. Il met toute choses dans
un doute universel et si général, que ce doute
s'emporte soi-même, c'est-à-dire s'il doute[1], et

1. Nous inclinons à croire qu'il y a ici deux mots omis. Il faut lire, selon nous : « c'est-à-dire qu'il doute s'il doute. »

doutant même de cette dernière proposition, son
incertitude roule sur elle-même dans un cercle
perpétuel et sans repos; s'opposant également à
ceux qui assurent que tout est incertain et à ceux
qui assurent que tout ne l'est pas, parce qu'il ne
veut rien assurer. C'est dans ce doute qui doute
de soi et dans cette ignorance qui s'ignore, et qu'il
appelle sa maîtresse forme, qu'est l'essence de
son opinion, qu'il n'a pu exprimer par aucun terme
positif. Car s'il dit qu'il doute, il se trahit, en
assurant au moins qu'il doute; ce qui étant for-
mellement contre son intention, il n'a pu s'expliquer que par interrogation; de sorte que ne voulant pas dire : « Je ne sais, » il dit : « Que sais-je?»
Dont il fait sa devise, en la mettant sous des ba-
lances [1] qui pesant les contradictoires se trouvent
dans un parfait équilibre : c'est-à-dire qu'il est
pur pyrrhonien. Sur ce principe roulent tous ses
discours et tous ses *Essais*; et c'est la seule chose
qu'il prétend bien établir, quoiqu'il ne fasse pas
toujours remarquer son intention. Il y détruit insensiblement tout ce qui passe pour le plus certain parmi les hommes, non pas pour établir le
contraire avec une certitude de laquelle seule il
est ennemi, mais pour faire voir seulement que,
les apparences étant égales de part et d'autre, on
ne sait où asseoir sa créance.

« Dans cet esprit il se moque de toutes les as-
surances; par exemple, il combat ceux qui ont
pensé établir dans la France un grand remède

---

1. *Essais*, liv. II, ch. XII.

ontre les procès par la multitude et par la prétendue justesse des lois : comme si l'on pouvait couper la racine des doutes d'où naissent les procès, et qu'il y eût des digues qui pussent arrêter le torrent de l'incertitude et captiver les conjectures ! C'est là que, quand il dit qu'il vaudrait autant soumettre sa cause au premier passant, qu'à des juges armés de ce nombre d'ordonnances [1], il ne prétend pas qu'on doive changer l'ordre de l'État, il n'a pas tant d'ambition; ni que son avis soit meilleur, il n'en croit aucun de bon. C'est seulement pour prouver la vanité des opinions les plus reçues; montrant que l'exclusion de toutes lois diminuerait plutôt le nombre des différends que cette multitude de lois qui ne sert qu'à l'augmenter, parce que les difficultés croissent à mesure qu'on les pèse; que les obscurités se multiplient par le commentaire; et que le plus sûr moyen pour entendre le sens d'un discours est de ne le pas examiner et de le prendre sur la première apparence : si peu qu'on l'observe, toute sa clarté se dissipe. Aussi il juge à l'aventure de toutes les actions des hommes et des points d'histoire, tantôt d'une manière, tantôt d'une autre, suivant librement sa première vue, et sans contraindre sa pensée sous les règles de la raison, qui n'a que de fausses mesures, ravi de montrer par son exemple les contrariétés d'un

---

1. *Essais*, liv. III, ch. XIII : « En voilà qui pour tous juges employent en leurs causes le premier passant qui voyage le long de leurs montaignes; et ces autres eslisent le jour du marché quelqu'un d'entr'eux, qui sur le champ décide tous leurs procès. »

même esprit. Dans ce génie tout libre, il lui est
entièrement égal de l'emporter ou non dans la dis-
pute, ayant toujours, par l'un et l'autre exemple,
un moyen de faire voir la faiblesse des opinions ;
étant porté avec tant d'avantage dans ce doute
universel, qu'il s'y fortifie également par son
triomphe et par sa défaite.

« C'est dans cette assiette, toute flottante et
chancelante qu'elle est, qu'il combat avec une fermeté invincible les hérétiques de son temps, sur
ce qu'ils s'assuraient de connaître seuls le véritable sens de l'Écriture ; et c'est de là encore qu'il
foudroie plus vigoureusement l'impiété horrible
de ceux qui osent assurer que Dieu n'est point.
Il les entreprend particulièrement dans l'*Apologie de Raimond de Sebonde*[1] ; et les trouvant dé-
pouillés volontairement de toute révélation, et
abandonnés à leur lumière naturelle, toute foi
mise à part, il les interroge de quelle autorité ils
entreprennent de juger de cet Être souverain qui
est infini par sa propre définition, eux qui ne
connaissent véritablement aucune chose de la
nature ! Il leur demande sur quels principes ils
s'appuient ; il les presse de les montrer. Il examine tous ceux qu'ils peuvent produire ; et y pé-
nètre si avant, par le talent où il excelle, qu'il

1. Raimond de Sebonde, écrivain du commencement du quin-
zième siècle, a laissé un curieux
ouvrage de philosophie intitulé
*Theologia naturalis sive liber
creaturarum*. Montaigne, qui
avait connu cet ouvrage et qui
en faisait grand cas, l'a traduit
en français ; et, pour se déchar-
ger, comme il dit, des principales objections qu'on y faisait,
il a consacré à l'auteur, sous le
titre d'*Apologie de Raimond de
Sebonde*, tout un chapitre qui est
devenu le plus long des *Essais*,
et non pas le moins important.

montre la vanité de tous ceux qui passent pour les plus naturels et les plus fermes. Il demande si l'âme connaît quelque chose; si elle se connaît elle-même; si elle est substance ou accident, corps ou esprit; ce que c'est que chacune de ces choses, et s'il n'y a rien qui ne soit de l'un de ces ordres : si elle connaît son propre corps, ce que c'est que matière, et si elle peut discerner entre l'innombrable variété des corps qu'on en produit; comment elle peut raisonner si elle est matérielle; et comment elle peut être unie à un corps particulier et en ressentir les passions, si elle est spirituelle; quand a-t-elle commencé d'être? avec le corps ou devant? et si elle finit avec lui ou non; si elle ne se trompe jamais; si elle sait quand elle erre, vu que l'essence de la méprise consiste à ne la pas connaître; si dans ces obscurcissements elle ne croit pas aussi fermement que deux et trois font six qu'elle sait ensuite que c'est cinq; si les animaux raisonnent, pensent, parlent; et qui peut décider ce que c'est que le temps, ce que c'est que l'espace ou étendue, ce que c'est que le mouvement, ce que c'est que l'unité, qui sont toutes choses qui nous environnent et entièrement inexplicables; ce que c'est que santé, maladie, vie, mort, bien, mal, justice, péché, dont nous parlons à toute heure; si nous avons en nous des principes du vrai, et si ceux que nous croyons, et qu'on appelle axiomes ou notions communes, parce qu'elles sont communes dans tous les hommes, sont conformes à la vérité essentielle. Et puisque nous ne savons

que par la seule foi qu'un Être tout bon nous les
a donnés véritables, en nous créant pour connaître la vérité, qui saura sans cette lumière si,
étant formés à l'aventure, ils ne sont pas incer-
tains, ou si, étant formés par un être faux et
méchant, il ne nous les a pas donnés faux afin de
nous séduire[1]? montrant par là que Dieu et le vrai
sont inséparables, et que si l'un est ou n'est pas,
s'il est certain ou incertain, l'autre est nécessairement de même. Qui sait donc si le sens commun, que nous prenons pour juge du vrai, en a
l'être de celui qui l'a créé? De plus, qui sait ce
que c'est que vérité, et comment peut-on s'assurer de l'avoir sans la connaître? Qui sait même
ce que c'est qu'être, qu'il est impossible de définir,
puisqu'il n'y a rien de plus général, et qu'il faudrait d'abord, pour l'expliquer, se servir de ce
mot-là même, en disant : C'est être[2]? Et puisque
nous ne savons ce que c'est qu'âme, corps, temps,
espace, mouvement, vérité, bien, ni même être,
ni expliquer l'idée que nous nous en formons,

---

1. Ces dernières lignes sont une réminiscence de Descartes plutôt que de Montaigne. C'est Descartes qui, à tous les arguments du scepticisme, ajoute l'hypothèse d'un certain mauvais génie qui emploie toute son industrie à nous tromper.

2. Pascal, dans son fragment *De l'esprit géométrique*, a lui-même répondu à cette objection : « Il y a des mots, remarque-t-il, incapables d'être définis; et si la nature n'avait suppléé à ce défaut par une idée pareille qu'elle a donnée à tous les hommes, toutes nos expressions seraient confuses; au lieu qu'on en use avec la même assurance et la même certitude que s'ils étaient expliqués d'une manière parfaitement exempte d'équivoques; parce que la nature nous en a elle-même donné, sans paroles, une intelligence plus nette que celle que l'on acquiert par nos explications. »

comment nous assurons-nous qu'elle est la même dans tous les hommes, vu que nous n'avons d'autre marque que l'uniformité des conséquences, qui n'est pas toujours un signe de celle des principes; car ils peuvent bien être différents et conduire néanmoins aux mêmes conclusions, chacun sachant que le vrai se conclut souvent du faux

« Enfin il examine si profondément les sciences, et la géométrie, dont il montre l'incertitude dans les axiomes et dans les termes qu'elle ne définit point, comme d'étendue, de mouvement, etc.; la physique en bien plus de manières, et la médecine en une infinité de façons; et l'histoire, et la politique, et la morale, et la jurisprudence et le reste. De telle sorte qu'on demeure convaincu que nous ne pensons pas mieux à présent que dans un songe dont nous ne nous éveillons qu'à la mort, et pendant lequel nous avons aussi peu les principes du vrai que durant le sommeil naturel. C'est ainsi qu'il gourmande si fortement et si cruellement la raison dénuée de la foi, que lui faisant douter si elle est raisonnable, et si les animaux le sont ou non, ou plus ou moins, il la fait descendre de l'excellence qu'elle s'est attribuée, et la met par grâce en parallèle avec les bêtes, sans lui permettre de sortir de cet ordre jusqu'à ce qu'elle soit instruite par son Créateur même de son rang qu'elle ignore; la menaçant, si elle gronde, de la mettre au-dessous de tout, ce qui est aussi facile que le contraire; et ne lui donnant pouvoir d'agir cependant que pour remarquer sa faiblesse avec une humilité sincère, au lieu de s'élever par une sotte insolence [1].

« M. de Saci, se croyant vivre dans un nouveau pays et entendre une nouvelle langue, se disait en lui-même les paroles de S. Augustin : « O Dieu de vérité! ceux qui savent « ces subtilités de raisonnement vous sont-ils pour cela plus « agréables? » Il plaignait ce philosophe qui se piquait et se déchirait de toutes parts des épines qu'il se formait, comme S. Augustin dit de lui-même lorsqu'il était en cet état. Après donc une assez longue patience, il dit à M. Pascal :

« Je vous suis obligé, monsieur; je suis sûr que si j'avais longtemps lu Montaigne, je ne le connaîtrais pas autant que je fais depuis cet entretien que je viens d'avoir avec vous. Cet homme devrait souhaiter qu'on ne le connût que par les récits que vous faites de ses écrits; et il pourrait dire avec S. Augustin : *Ibi me vide, attende.* Je crois assurément que cet homme avait de l'esprit; mais je ne sais si vous ne lui en prêtez pas un peu plus qu'il n'en a, par cet enchaînement si juste que vous faites de ses principes. Vous pouvez juger qu'ayant passé ma vie comme j'ai fait, on m'a peu conseillé de lire cet auteur, dont tous les ouvrages n'ont rien de ce que nous devons principalement rechercher dans nos lectures, selon la règle de S. Augustin, parce que ses paroles ne paraissent pas sortir d'un grand fonds d'humilité et de piété. On pardonnerait à ces philosophes d'autrefois, qu'on nommait académiciens, de mettre tout dans le doute. Mais qu'avait besoin Montaigne de s'égayer l'esprit en renouve-

[1]. Ces idées sur l'homme, que Pascal expose ici sous le nom de Montaigne, avaient pénétré si profondément son âme, qu'il y revient perpétuellement lui-même dans ses *Pensées*. Qui n'a lu ces passages célèbres : « Quelle chimère est-ce donc l'homme! Quelle nouveauté, quel monstre, quel chaos, quel sujet de contra- diction, quel prodige! Juge de toutes choses, imbécile ver de terre, dépositaire du vrai, cloaque d'incertitude et d'erreur, gloire et rebut de l'univers. » Et plus loin : «.... S'il se vante, je l'abaisse; s'il s'abaisse, je le vante; et je le contredis toujours, jusqu'à ce qu'il comprenne qu'il est un monstre incompréhensible. »

lant une doctrine qui passe maintenant aux yeux des chrétiens pour une folie ? C'est le jugement que S. Augustin fait de ces personnes. Car on peut dire après lui de Montaigne : Il met dans tout ce qu'il dit la foi à part; ainsi nous, qui avons la foi, devons de même mettre à part tout ce qu'il dit. Je ne blâme point l'esprit de cet auteur, qui est un grand don de Dieu; mais il pouvait s'en servir mieux, et en faire plutôt un sacrifice à Dieu qu'au démon. A quoi sert un bien, quand on en use si mal ? *Quid proderat*, etc.? dit de lui ce saint docteur avant sa conversion. Vous êtes heureux, monsieur, de vous être élevé au-dessus de ces personnes qu'on appelle les docteurs, plongés dans l'ivresse, mais qui ont le cœur vide de la vérité. Dieu a répandu dans votre cœur d'autres douceurs et d'autres attraits que ceux que vous trouviez dans Montaigne. Il vous a rappelé de ce plaisir dangereux, *a jucunditate pestifera*, dit S. Augustin, qui rend grâces à Dieu de ce qu'il lui a pardonné les péchés qu'il avait commis en goûtant trop la vanité. S. Augustin est d'autant plus croyable en cela, qu'il était autrefois dans ces sentiments; et comme vous dites de Montaigne que c'est par ce doute universel qu'il combat les hérétiques de son temps, aussi par ce même doute des académiciens, S. Augustin quitta l'hérésie des Manichéens. Depuis qu'il fut à Dieu, il renonça à ces vanités qu'il appelle sacriléges. Il reconnut avec quelle sagesse S. Paul nous avertit de ne nous pas laisser séduire par ces discours. Car il avoue qu'il y a en cela un certain agrément qui enlève : on croit quelquefois les choses véritables, seulement parce qu'on les dit éloquemment. Ce sont des viandes dangereuses, dit-il, que l'on sert dans de beaux plats; mais ces viandes, au lieu de nourrir le cœur, elles le vident. On ressemble alors à des gens qui dorment, et qui croient manger en dormant : ces viandes imaginaires les laissent aussi vides qu'ils étaient. »

« M. de Saci dit à M. Pascal plusieurs choses semblables : sur quoi M. Pascal lui dit que s'il lui faisait compliment de bien posséder Montaigne et de le savoir bien tourner, il pouvait lui dire sans compliment qu'il savait bien mieux saint Augustin, et qu'il le savait bien mieux tourner, quoique peu avantageusement pour le pauvre Montaigne. Il lui témoigna être extrêmement édifié de la solidité de tout ce qu'il venait de lui représenter ; cependant, étant encore tout plein de son auteur, il ne put se retenir et lui dit :

« Je vous avoue, monsieur, que je ne puis voir sans joie dans cet auteur la superbe raison si invinciblement froissée par ses propres armes, et cette révolte si sanglante de l'homme contre l'homme, qui, de la société avec Dieu, où il s'élevait par les maximes, le précipite dans la nature des bêtes; et j'aurais aimé de tout mon cœur le ministre d'une si grande vengeance, si, étant disciple de l'Église par la foi, il eût suivi les règles de la morale, en portant les hommes, qu'il avait si utilement humiliés, à ne pas irriter par de nouveaux crimes celui qui peut seul les tirer des crimes qu'il les a convaincus de ne pouvoir seulement connaître.

« Mais il agit au contraire en païen de cette sorte. De ce principe, dit-il, que hors de la foi tout est dans l'incertitude, et considérant bien combien il y a que l'on cherche le vrai et le bien sans aucun progrès vers la tranquillité, il conclut qu'on en doit laisser le soin aux autres ; et demeurer cependant en repos, coulant légèrement sur les sujets de peur d'y enfoncer en appuyant; et prendre le vrai et le bien sur la première apparence, sans les presser, parce qu'ils sont si peu solides, que quelque peu qu'on serre les mains ils s'échappent entre les doigts et les laissent vides. C'est pourquoi il suit le rapport des sens et les notions communes, parce qu'il faudrait qu'il se fît violence pour les démentir, et qu'il ne sait

s'il gagnerait, ignorant où est le vrai. Ainsi il
fuit la douleur et la mort, parce que son instinct
l'y pousse, et qu'il ne veut pas résister par la
même raison, mais sans en conclure que ce soient
de véritables maux, ne se fiant pas trop à ces
mouvements naturels de crainte, vu qu'on en
sent d'autres de plaisir qu'on accuse d'être mauvais, quoique la nature parle au contraire. Ainsi,
il n'a rien d'extravagant dans sa conduite ; il agit
comme les autres hommes ; et tout ce qu'ils font
dans la sotte pensée qu'ils suivent le vrai bien, il
le fait par un autre principe, qui est que les vrai-
semblances étant pareillement d'un et d'autre
côté, l'exemple et la commodité sont les contre-
poids qui l'emportent.

« Il monte sur son cheval, comme un autre qui
ne serait pas philosophe, parce qu'il le souffre,
mais sans croire que ce soit de droit, ne sachant
pas si cet animal n'a pas, au contraire, celui de
se servir de lui. Il se fait aussi quelque violence
pour éviter certains vices ; et même il a gardé la
fidélité au mariage, à cause de la peine qui suit
les désordres ; mais si celle qu'il prendrait sur-
passe celle qu'il évite, il y demeure en repos, la
règle de son action étant en tout la commodité et
la tranquillité. Il rejette donc bien loin cette vertu
stoïque qu'on peint avec une mine sévère, un regard farouche, des cheveux hérissés, le front ridé,
et en sueur, dans une posture pénible et tendue,
loin des hommes, dans un morne silence, et seule
sur la pointe d'un rocher : fantôme, à ce qu'il dit,
capable d'effrayer les enfants, et qui ne fait là

autre chose, avec un travail continuel, que de
chercher le repos, où il n'arrive jamais. La sienne
est naïve, familière, plaisante, enjouée, et pour
ainsi dire folâtre : elle suit ce qui la charme, et
badine négligemment des accidents bons ou mauvais, couchée mollement dans le sein de l'oisiveté tranquille, d'où elle montre aux hommes, qui
cherchent la félicité avec tant de peines, que c'est
là seulement où elle repose, et que l'ignorance
et l'incuriosité sont deux doux oreillers pour une
tête bien faite, comme il dit lui-même[1].

« Je ne puis pas vous dissimuler, monsieur,
qu'en lisant cet auteur et le comparant avec Épictète, j'ai trouvé qu'ils étaient assurément les deux
plus grands défenseurs des deux plus célèbres
sectes du monde et les seules conformes à la raison, puisqu'on ne peut suivre qu'une de ces deux
routes, savoir : ou qu'il y a un Dieu, et lors il y
place son souverain bien, ou qu'il est incertain, et
qu'alors le vrai bien l'est aussi, puisqu'il en est
incapable[2]. J'ai pris un plaisir extrême à remarquer dans ces divers raisonnements en quoi les
uns et les autres sont arrivés à quelque confor-
mité avec la sagesse véritable qu'ils ont essayé
de connaître. Car, s'il est agréable d'observer

---

1. *Essais*, III, ch. XIII : « Oh! que c'est un doulx et mol che-
vet, et sain, que l'ignorance et l'incuriosité, à reposer une teste
bien faicte! »

2. A force de sous-entendus et de concision, cette phrase
manque de clarté. Nous croyons qu'en voici le sens : Ou l'homme
reconnaît qu'il y a un Dieu, et alors il place en lui le souverain
bien; ou il est incertain que Dieu existe, et alors le vrai bien
est incertain aussi; car l'homme par lui-même est incapable du
vrai bien.

dans la nature le désir qu'elle a de peindre Dieu dans tous ses ouvrages, où l'on en voit quelques caractères parce qu'ils en sont les images, combien est-il plus juste de considérer dans les productions des esprits les efforts qu'ils font pour imiter la vérité essentielle, même en la fuyant, et de remarquer en quoi ils y arrivent et en quoi ils s'en égarent, comme j'ai tâché de faire dans cette étude!

« Il est vrai, monsieur, que vous venez de me faire voir admirablement le peu d'utilité que les chrétiens peuvent retirer de ces études philosophiques. Je ne laisserai pas néanmoins, avec votre permission, de vous en dire encore ma pensée, prêt néanmoins de renoncer à toutes les lumières qui ne viendront pas de vous, en quoi j'aurai l'avantage, ou d'avoir rencontré la vérité par bonheur, ou de la recevoir de vous avec assurance. Il me semble que la source des erreurs de ces deux sectes est de n'avoir pas su que l'état de l'homme à présent diffère de celui de sa création; de sorte que l'un remarquant quelques traces de sa première grandeur, et ignorant sa corruption, a traité la nature comme saine et sans besoin de réparateur, ce qui le mène au comble de la superbe; au lieu que l'autre éprouvant la misère présente et ignorant la première dignité, traite la nature comme nécessairement infirme et irréparable, ce qui le précipite dans le désespoir d'arriver à un véritable bien, et de là dans une extrême lâcheté. Ainsi ces deux états qu'il fallait connaître ensemble pour voir toute la vérité, étant con-

nus séparément, conduisent nécessairement à l'un
de ces deux vices, d'orgueil ou de paresse, où sont
infailliblement tous les hommes avant la grâce,
puisque s'ils ne demeurent dans leurs désordres
par lâcheté, ils en sortent par vanité, tant il est
vrai ce que vous venez de me dire de saint Augustin, et que je trouve d'une grande étendue;
car en effet on leur rend hommage en bien des
manières.

« C'est donc de ces lumières imparfaites qu'il
arrive que l'un connaissant les devoirs de l'homme
et ignorant son impuissance, se perd dans la
présomption, et que l'autre connaissant l'impuissance et non le devoir, il s'abat dans la lâcheté;
d'où il semble que puisque l'un conduit à la vérité, l'autre à l'erreur, l'on formerait en les alliant
une morale parfaite. Mais au lieu de cette paix,
il ne résulterait de leur assemblage qu'une guerre
et qu'une destruction générale : car l'un établis-
sant la certitude, l'autre le doute, l'un la grandeur de l'homme, l'autre sa faiblesse, ils ruinent
les vérités aussi bien que les faussetés l'un de
l'autre. De sorte qu'ils ne peuvent subsister seuls
à cause de leurs défauts, ni s'unir à cause de leurs
oppositions, et qu'ainsi ils se brisent et s'anéan-
tissent pour faire place à la vérité de l'Évangile.
C'est elle qui accorde les contrariétés par un art
tout divin, et, unissant tout ce qui est de vrai et
chassant tout ce qui est de faux, elle en fait une
sagesse véritablement céleste où s'accordent ces
opposés, qui étaient incompatibles dans ces doc-
trines humaines. Et la raison en est que ces sa-

ges du monde placent les contraires dans un
même sujet ; car l'un attribuait la grandeur à la
nature et l'autre la faiblesse à cette même nature,
ce qui ne pouvait subsister ; au lieu que la foi
nous apprend à les mettre en des sujets différents :
tout ce qu'il y a d'infirme appartenant à la nature, tout ce qu'il y a de puissant appartenant à
la grâce. Voilà l'union étonnante et nouvelle que
Dieu seul pouvait enseigner, et que lui seul pouvait faire, et qui n'est qu'une image et qu'un effet de l'union ineffable de deux natures dans la
seule personne d'un Homme-Dieu.

« Je vous demande pardon, monsieur, dit
M. Pascal à M. de Saci, de m'emporter ainsi devant vous dans la théologie, au lieu de demeurer
dans la philosophie, qui était seule mon sujet ;
mais il m'y a conduit insensiblement ; et il est
difficile de ne pas y entrer, quelque vérité qu'on
traite, parce qu'elle est le centre de toutes les vérités ; ce qui paraît ici parfaitement, puisqu'elle
enferme si visiblement toutes celles qui se trouvent dans ces opinions. Aussi je ne vois pas comment aucun d'eux pourrait refuser de la suivre.
Car s'ils sont pleins de la pensée de la grandeur
de l'homme, qu'ont-ils imaginé qui ne cède aux
promesses de l'Évangile, qui ne sont autre chose
que le digne prix de la mort d'un Dieu ? Et s'ils
se plaisaient à voir l'infirmité de la nature, leurs
idées n'égalent point celles de la véritable faiblesse du péché, dont la même mort a été le remède. Ainsi tous y trouvent plus qu'ils n'ont dé-
siré ; et ce qui est admirable, ils s'y trouvent

unis, eux qui ne pouvaient s'allier dans un degré infiniment inférieur ! »

« M. de Saci ne put s'empêcher de témoigner à M. Pascal qu'il était surpris comment il savait tourner les choses; mais il avoua en même temps que tout le monde n'avait pas le secret comme lui de faire sur ces lectures des réflexions si sages et si élevées. Il lui dit qu'il ressemblait à ces médecins habiles qui, par la manière adroite de préparer les plus grands poisons, en savent tirer les plus grands remèdes. Il ajouta que quoiqu'il vît bien, par ce qu'il venait de lui dire, que ces lectures lui étaient utiles, il ne pouvait pas croire néanmoins qu'elles fussent avantageuses à beaucoup de gens dont l'esprit se traînerait un peu, et n'aurait pas assez d'élévation pour lire ces auteurs et en juger, et savoir tirer les perles du milieu du fumier, *aurum ex stercore*, disait un Père. Ce qu'on pouvait bien plus dire de ces philosophes, dont le fumier, par sa noire fumée, pouvait obscurcir la foi chancelante de ceux qui les lisent. C'est pourquoi il conseillerait toujours à ces personnes de ne pas s'exposer légèrement à ces lectures, de peur de se perdre avec les philosophes, et de devenir la proie des démons et la pâture des vers, selon le langage de l'Écriture, comme ces philosophes l'ont été. »

« Pour l'utilité de ces lectures, dit M. Pascal, je vous dirai fort simplement ma pensée. Je trouve dans Épictète un art incomparable pour troubler le repos de ceux qui le cherchent dans les choses extérieures, et pour les forcer à reconnaître qu'ils sont de véritables esclaves et de misérables aveugles; qu'il est impossible qu'ils trouvent autre chose que l'erreur et la douleur qu'ils fuient, s'ils ne se donnent sans réserve à Dieu seul. Montaigne est incomparable pour confondre l'orgueil de ceux qui, hors la foi, se piquent d'une véritable justice; pour désabuser ceux qui s'attachent à leurs opinions, et qui croient trouver dans les sciences des vérités inébranlables; et pour convaincre si bien la raison de son peu de lumière et de ses égarements, qu'il est difficile, quand on fait un bon usage de ses principes, d'être tenté de trouver des répugnances dans les mystères : car l'esprit en est si battu, qu'il est bien éloigné de vouloir juger si l'Incarnation ou le mystère de l'Eucharistie sont possibles; ce que les hommes du commun n'agitent que trop souvent.

« Mais si Épictète combat la paresse, il mène à l'orgueil, de sorte qu'il peut être très-nuisible à ceux qui ne sont pas persuadés de la corruption de la plus parfaite justice qui n'est pas de la foi. Et Montaigne est absolument pernicieux à ceux qui ont quelque pente à l'impiété et aux vices. C'est pourquoi ces lectures doivent être réglées avec beaucoup de soin, de discrétion et d'égard à la condition et aux mœurs de ceux à qui on les conseille. Il me semble seulement qu'on les joignant ensemble elles ne pourraient réussir fort mal, parce que l'une s'oppose au mal de l'autre : non qu'elles puissent donner la vertu, mais seulement troubler dans les vices : l'âme se trouvant combattue par les contraires, dont l'un chasse l'orgueil et l'autre la paresse, et ne pouvant reposer dans aucun de ces vices par ses raisonnements ni aussi les fuir tous. »

« Ce fut ainsi que ces deux personnes d'un si bel esprit s'accordèrent enfin au sujet de la lecture de ces philosophes, et se rencontrèrent au même terme, où ils arrivèrent néan-

moins d'une manière un peu différente : M. de Saci y étant
arrivé tout d'un coup par la claire vue du christianisme, et
M. Pascal n'y étant arrivé qu'après beaucoup de détours en
s'attachant aux principes de ces philosophes.

« .... M. de Saci et tout Port-Royal des Champs étaient
ainsi tout occupés de la joie que causaient la conversion et
la vue de M. Pascal!.... On y admirait la force toute-puissante
de la grâce qui, par une miséricorde dont il y avait peu
d'exemples, avait si profondément abaissé cet esprit si élevé
de lui-même. »

FIN

TABLE DES MATIÈRES

———

FIN DE LA TABLE DES MATIÈRES.

632 — Paris, imp. LALOUX fils et GUILLOT, 7, rue des Canettes.

NOUVELLE COLLECTION

DE

CLASSIQUES

Format petit in-16

PUBLIÉE AVEC DES NOTICES, DES ARGUMENTS ANALYTIQUES
ET DES NOTES EN FRANÇAIS

(*Les noms des annotateurs sont indiqués entre parenthèses*)

Ces éditions se recommandent par la pureté du texte,
la concision des notes, la commodité du format et l'élégence du cartonnage.

CLASSIQUES FRANÇAIS

BOILEAU : *OEuvres poétiques* (E. Geruzez).　　1 fr. 50 c.
BOSSUET : *De la connaissance de Dieu et de soi-même; Métaphysique* (de Lens, inspecteur honoraire d'Académie). 1 fr. 60 c.
BUFFON : *Discours sur le style.*　　30 c.
DESCARTES : *Discours de la méthode* (G. Vaperiau). 90 c.
FÉNELON : *Fables* (Ad. Regnier).　　75 c.
— *Sermon pour la fête de l'Épiphanie* (G. Merlet, professeur de rhétorique au lycée Louis-le-Grand).　　60 c.
FLORIAN : *Fables* (E. Geruzez).　　75 c.
LA FONTAINE : *Fables* (E. Geruzez).　　1 fr. 60 c.
LAMARTINE : *Morceaux choisis.*　　2 fr.
THEATRE CLASSIQUE (Ad. Regnier).　　3 fr.
LEIBNIZ : *Extraits de la Théodicée* (P. Janet, membre de l'Institut).　　2 fr. 50 c.
PASCAL : *De l'autorité en matière de philosophie; Entretien avec M. de Saci* (C. Jourdain, membre de l'Institut).　　75 c.

Paris. — Typographie Lahure